MEMÓRIAS DE NUNCA

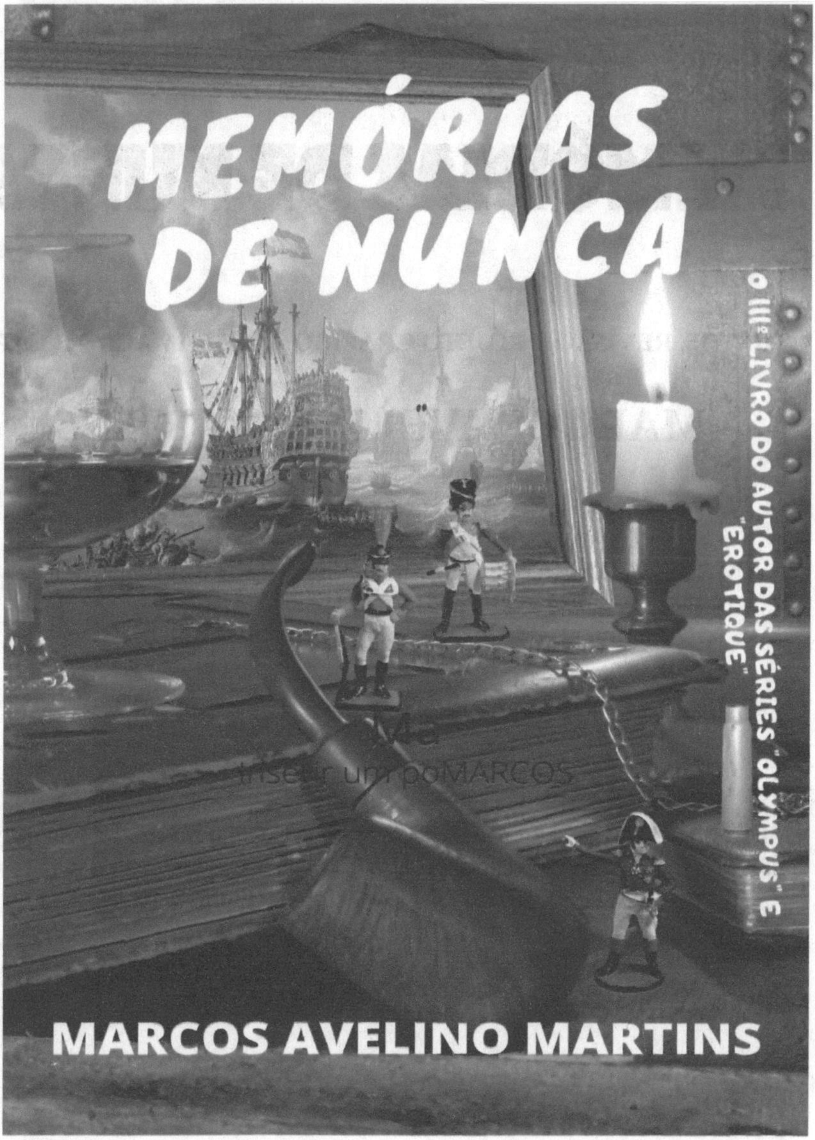

O III° LIVRO DO AUTOR DAS SÉRIES "OLYMPUS" E "EROTIQUE"

MARCOS AVELINO MARTINS

MEMÓRIAS DE NUNCA

TEXTOS, REVISÃO, PROJETO GRÁFICO, DIAGRAMAÇÃO E CAPA:

MARCOS AVELINO MARTINS
(cygnusinfo@gmail.com)

IMAGEM DA CAPA: https://pixabay.com/photos/history-1453277

(imagem do Pixabay por Alexander Lesnitsky)

M386

Martins, Marcos Avelino, 1953 -
Memórias de nunca / Marcos Avelino Martins – Goiânia-GO

Edição do autor, Julho/2022
113 p.

ISBN: 979-88-41-43488-7

1. Literatura. 2.Poesia. I. Martins, Marcos Avelino. II. Título

CDU: 821.134.3(81)-1

Esta obra é inteiramente ficcional. Os personagens são criados a partir da imaginação do autor, e não são baseados em acontecimentos. Qualquer semelhança com situações ou pessoas, vivas ou mortas, é incidental.

Agradeço às inúmeras pessoas que contribuíram com histórias, postagens ou imagens que serviram de fonte de inspiração para alguns poemas desse livro.

Outros livros do autor, todos eles publicados no Clube de Autores e na Amazon, em versão impressa e digital:

001. OS OCEANOS ENTRE NÓS

002. PÁSSARO APEDREJADO

003. CABRÁLIA

004. NUNCA TE VI, MAS NUNCA TE ESQUECI

005. SOB O OLHAR DE NETUNO

006. O TEMPO QUE SE FOI DE REPENTE

007. MEMÓRIAS DE UM FUTURO ESQUECIDO

008. ATÉ A ÚLTIMA GOTA DE SANGUE

009. EROTIQUE

010. NÃO ME LEMBREI DE ESQUECER DE VOCÊ

011. ATÉ QUE A ÚLTIMA ESTRELA SE APAGUE

012. EROTIQUE 2

013. A CHUVA QUE A NOITE NÃO VIU

014. A IMENSIDÃO DE SUA AUSÊNCIA

015. SIMÉTRICAS – 200 SONETOS (OU COISA PARECIDA) DE AMOR (OU COISA PARECIDA)

016. AS VEREDAS ONDE O MEU OLHAR SE PERDEU

017. A MAGIA QUE SE DESFEZ NA NOITE

018. QUAL É O SEGREDO PARA VIVER SEM VOCÊ?

019. OS TRAÇOS DE VOCÊ

020. STRADIVARIUS

021. OS SEGREDOS QUE ESCONDES NO OLHAR

022. ATÉ SECAREM AS ÚLTIMAS LÁGRIMAS

023. EROTIQUE 3

024. OS POEMAS QUE JAMAIS ESCREVI

025. TUA AUSÊNCIA, QUE ME DÓI TANTO

026. OS DRAGÕES QUE NOS SEPARAM

027. O VENTO QUE NA JANELA SOPRAVA

028. EROTIQUE 4

029. A NOITE QUE NÃO TERMINOU NUNCA MAIS

MEMÓRIAS DE NUNCA

Conte-me algumas memórias de nunca
Ou de lugar nenhum,
Fatos engraçados vividos em alguma espelunca,
Se você se lembrar de algum.

Faça-me dar risadas sem qualquer motivo,
Apenas por estarmos tão perto.
Faça-me sentir que ainda estou vivo,
Mesmo meu coração tendo virado um deserto.

Olhe-me uma única vez, com fogo no olhar,
Como se eu despertasse a sua libido,
Chegue perto, como se fosse me beijar,
Mesmo que essa vontade não tenha sentido.

Por esta noite apenas,
Arranque-me algumas risadas gostosas,
Encoste em mim suas pernas morenas,
Com suas coxas grossas, assombrosas.

Flerte comigo, como se lhe interessasse,
E não fosse apenas um poeta divertido,
Chegue perto da minha a sua linda face,
Como se nessa noite me houvesse escolhido.

Chegue perto dos meus os seus lábios,
E roce na minha a sua boca macia,
Chute para o alto a prudência que herdei dos sábios,
Seja a próxima musa de minha Poesia.

E, ao final de uma noite plena,
Onde tenhamos ignorado todas as convenções,
Eternize em minha mente uma erótica cena,
Onde minha Poesia a tenha libertado de seus grilhões...

Vídeo relacionado: **Michael Bublé - The way you look tonight**
https://www.youtube.com/watch?v=yDh4GC7n0ig

HISTÓRIAS DE NENHUM LUGAR

Talvez um dia eu lhe conte
As histórias que jamais aconteceram,
Nunca ou em nenhum lugar!
Não se deixe vencer
Pelos boatos de insanidade
Daqueles que guardam retratos
De lugares que jamais existiram,
Exceto na imaginação dos poetas,
Que são seres abstratos,
Com bombas plantadas no lugar
Onde devia pulsar um coração,
Que dispara versos insensatos
Em todas as direções,
E às vezes acertam algum alvo,
Que não soube se desviar de seus petardos,
Disfarçados de poemas...
Se você se comportar, quem sabe eu lhe revele
Segredos que jamais revelei a ninguém,
Soprados em meus ouvidos pela Fantasia,
Perene amiga dos poetas insanos,

Que se diverte em torturá-los,
Mostrando-lhe mulheres lindas
E lugares que jamais existiram,
Onde elas nunca estiveram
E nem mesmo seu perfume restou,
Para contar uma história apimentada
Sobre amores que não deveriam ter existido,
E jazem escondidos
Sob os umbrais da Eternidade...

Vídeo relacionado: **EMO & Marissa - 365 days**
https://www.youtube.com/watch?v=45tCMz7wA_c

<u>CORPOS GRAMATICAIS</u>

Nossos corpos são gramaticais:
Aglutinam-se,
Justapõem-se,
Pressupõem-se,
Aplicam toques linguísticos,
Sintetizam beijos,
Diretos e indiretos,
Interpretam sentidos,
Trocam regências,
Palavras ativas e passivas,
Invertem advérbios,
Subvertem regras,
E nessa conjunção
De corpos e vidas,
Modificam tempos,
Pronomes,
Substantivos,
Adjetivos,
Concordam juras

E conjugam verbos,
Principalmente o verbo amar...

Vídeo relacionado: **Reginaldo Bessa - O tempo**
https://www.youtube.com/watch?v=vwJNiHbIziY

ESSE PONTO DE INTERROGAÇÃO

Que é esse ponto de interrogação
Bailando nesses teus olhos infelizes?
Qual será o segredo dessa questão,
Afinal, que queres dizer, mas não dizes?

Qual será essa triste questão obscura
E que tanto hesitas em formular,
Não vês que a resposta pode ser a cura
Da paixão reprimida no teu olhar?

O que será que não consegues dizer,
Que nos teus olhos azuis sempre flutua,
O teu olhar nublado não te deixa ver

Que meu Sol conjuga com tua triste lua,
Como é que não consegues perceber,
Enfim, que minh'alma rima com a tua?

Vídeo relacionado: **Perry Blake - If you don't want me**
https://www.youtube.com/watch?v=byhco0aasms

BÊBADO DE AMOR E LUAR

Se alguma noite eu estiver bêbado
De amor e luar,
Talvez, apenas talvez,
Eu lhe abra meu coração,
E lhe conte alguns segredos
Que guardei no fundo do cofre
Que em minha alma reside,
Cheio de guardados inconfessáveis,
Versos de amor jamais escritos,
Trovas que fariam a Lua ruborizar-se,
E, se eu vivesse na época da Inquisição,
Talvez fosse queimado numa fogueira,
Somente por contar histórias que não vivi,
Mas relato com tantos detalhes, tão minuciosos
Que parecem que realmente aconteceram
(Talvez em alguma vida passada,
Da qual eu me recorde por milagre),
Doidas e doídas histórias de paixão e loucura,
Que em meus versos acharam guarida,
E foram se instalando aos poucos,

Espalhando fragmentos de memórias
Ou recortes de aventuras proibidas,
Que, por algum mistério jamais desvendado,
De repente surgem da ponta de meus dedos...

Vídeo relacionado: **Rebecca Ferguson - Nothing's gonna hurt you baby**
https://www.youtube.com/watch?v=k5pGLckA-JA

<u>CAÇA x CAÇADOR</u>

Um dia é da caça,
Outro de quem a persegue
Com fogo no olhar,
Principalmente quando a primeira
Usa saia justa e blusa decotada,
Quando então, é questão de tempo
Até que se aparem as arestas,
E ambos confraternizem,
Às vezes, invertendo os papéis,
Numa cama redonda,
Ou em outro palco qualquer...

Vídeo relacionado: **Simone - Caçador de mim**
https://www.youtube.com/watch?v=3LVewb7X8LE

<u>AS LEMBRANÇAS QUE SE PERDERAM NA NOITE</u>

Enquanto os dias passam correndo,
Meus neurônios seguem morrendo,
Com algumas lembranças impolutas,
E outras que se tornaram diminutas,
Exatamente as que não queria apagar!
Mas o tempo é algo inexorável,
A ampulheta não para de girar,
E a renovação das células é implacável,
Inevitavelmente, sempre se renovando,
Contra o envelhecimento não há o que fazer,
E as memórias aos poucos vão se apagando,
Um inevitável efeito colateral de envelhecer,
E entre as mais implacáveis mudanças,
Infelizmente, as que mais doeram
É que me lembro do que nem devia lembrar,
Mas aquelas inesquecíveis lembranças,
Que na noite da alma se perderam,
Foram aquelas que eu mais queria guardar...

Vídeo relacionado: **Nana Caymmi - Resposta ao tempo**
https://www.youtube.com/watch?v=09qQzt0pa34

ESSA TRANSPARÊNCIA

Essa sua roupa transparente revela
Muito mais do que somente na aparência,
Um mistério que ainda não decifrei,
Pois, mais do que seu corpo lindo, sedutor,

Mostra até o que na sua alma trafega,
E confidencia-me que ela é devassa,
Como acontece com a minha também,
E seduz-me essa irretocável tela,

Com um toque mágico de irreverência,
Com a qual na minha mente fotografei
Esse corpo perfeito, arrebatador,

Pois, ainda que minha alma fosse cega,
Ainda enxergaria através dessa vidraça,
Essa moldura da qual tornei-me refém!

Vídeo relacionado: **Tina Turner - Private dancer**
https://www.youtube.com/watch?v=SBz3WpY5rtM

<u>SEM ESCOLHA</u>

Essa angústia que se espalha
Com minha solidão se parelha
E em minhas sinapses se empilha,
Não me deixando escolha,
Pois em minhas veias se entulha.

A solidão corta como navalha,
Deixando minha vista vermelha,
Meu olhar já não brilha,
Publiquei até a última folha
Da Poesia que em mim borbulha.

Ergui em minha mente uma muralha,
Pela qual não passa nenhuma centelha,
Meu coração virou uma ilha,
Que tampei com uma rolha,
Abraçada com a solidão que não me orgulha...

Vídeo relacionado: **Air Supply - Chances**
https://www.youtube.com/watch?v=1VXR0GBkUK0

<u>MEMÓRIAS DE ALGUÉM</u>

Por favor tome cuidado
Com aquelas memórias
Das quais mal se lembra
Pois a alguém elas pertencem
E talvez lhe façam falta
E não se sabe como
Foram parar em sua cabeça
Como se fossem talvez
Suas memórias de vidas pregressas
Das quais pouco se lembra
Exceto por essas lembranças estranhas
Que ficam vagando por nossos pensamentos
Lembrando casos que nunca nos aconteceram
Ou frequentemente infinitas paixões
Que por motivo nenhum se acabaram
E é estranho que fiquem bailando
Em nosso cérebro como se fossem nossas
Mas são apenas doces memórias de alguém

Vídeo relacionado: **Natalie Major - Eclipse**
https://www.youtube.com/watch?v=eItD5yVAU_s

QUASE NUDEZ

Lá vem você de novo
Com esse decote profundo,
À vista do qual eu me comovo,
E de desejo meus olhos inundo...
E, ao ver você quase desnuda,
Mais mostrando do que escondendo,
Não consigo evitar que me iluda
De que você anda me querendo,
E por causa disto me provoca,
Com essas roupas quase transparentes,
E estremeço quando me toca,
Com suas mãos suaves e tão quentes...
E já não reprimo meus desejos carnais,
Aguçados por essa quase nudez,
Suas coxas grossas e monumentais,
Que demolem a minha maldita timidez...
E, quando finalmente avanço o sinal,
Cumprimentando-a com um beijo no rosto,
Você me encara, risonha, com esse olhar fatal,
E depois, de sua língua, afinal sinto o gosto...

E, naquele beijo, tantas vezes adiado,
Minhas mãos perdem o controle e a acariciam,
Passando por suas pernas da cor do pecado,
E acariciando seus seios que meus olhos viciam...
Fiquei com medo de você reclamar, mas não,
Em vez disto, você solta doces gemidos,
Que aguçam ainda mais a minha paixão,
Liberando de vez meus desejos tão reprimidos...
Sinto então que você também me acaricia,
E fica louca ao sentir a imediata reação,
Que liberta ainda mais minha fantasia,
Ao sentir o depravado toque de sua mão...
Horas depois, numa cama, enfim saciados,
Você me pergunta por que demorei tanto, sorrindo,
E eu lhe peço perdão, com os olhos marejados,
Mas não tinha certeza de que chegaria esse momento
lindo,
Em que nós dois nos descobriríamos apaixonados,
Não sabia que era para mim mesmo que você se
produzia,
E não imaginava ver seus segredos enfim desvendados,
Nessa linda noite, na qual descobri o amor e a Poesia!

Vídeo relacionado: **Jane Birkin & Serge Gainsbourg - Je t'aime moi non plus**
https://www.youtube.com/watch?v=WCjVacgWH1E

EQUÍVOCO

Tempos atrás,
Éramos grandes amigos,
Inseparáveis,
Sempre juntos,
Em quase todas as horas,
Mas cometi um erro,
E um dia,
Confessei que a amava,
Ela me olhou meio estranho,
Como se eu lhe desse uma má notícia,
Olhou-me por alguns instantes,
Depois desviou o olhar,
E não me respondeu,
Nem disse nada!
Mudei de assunto,
Dizendo uma bobagem qualquer,
Que era só uma brincadeira inconsequente,
Pedi-lhe desculpas,
Mas desde então,
O clima entre nós mudou...

Aos poucos, afastamo-nos,
Cada vez mais distantes,
Ligações esparsas,
Alguns convites para sairmos,
Polidamente recusados,
Com uma desculpa inconvincente,
Até que me toquei,
E tentei me esquecer dela.
Vida que segue,
Nada como o tempo
Para curar desilusões
E decepções,
Mas nunca mais me apaixonei,
Talvez tenha ficado um trauma
Por ter entendido errado,
E confundido amizade
Com algo muito mais profundo...
E de repente, numa noite de sábado,
Meu celular tocou, e era ela,
Perguntando o que eu estava fazendo,
E, quando lhe disse que estava em casa,
Apenas curtindo minha solidão,

Ela me pediu para buscá-la,
Pois queria muito conversar comigo,
E pedir-me perdão
Pelas coisas mal resolvidas entre nós.
Tomei um banho, vesti-me com elegância,
Passei o meu melhor perfume,
E, pouco mais de meia hora depois,
Toquei a sua campainha,
E, quando ela atendeu,
Achei-a ainda mais bela do que sempre,
Num vestido justo e insinuante,
Que revelava tudo o que havia por baixo,
Como algumas vezes contemplei,
Quando nadamos juntos em algum clube,
Ou na casa de amigos de nossa turma,
E ao me ver, deu-me um abraço prolongado,
E escutei os soluços com que me pedia perdão...
Levantei o seu queixo, olhei-a docemente,
E respondi que quem pedia perdão era eu,
Por ter confundido as coisas,
E bagunçado aquele sentimento sincero
Que sempre tinha havido entre nós,

Acariciei-lhe o rosto,
Enquanto ela segurava minha mão,
E, naquele cálido toque e em suas lágrimas,
Senti que algo mudara...
Olhei-a fixamente,
E, no fundo de seu olhar descobri
Que talvez, apenas talvez,
Ela houvesse descoberto, meio tarde,
Que apenas não se dera conta
De que um sentimento de amizade profunda
Entre um homem e uma mulher
É algo bem próximo do amor,
E às vezes, basta dar um pequeno empurrão,
Como eu tentara, naquela noite,
Anos atrás, mas errara feio...
Quando ela me beijou,
E naquele primeiro beijo, inesquecível,
Ela colocou o seu corpo e a própria alma,
Compreendi que realmente mudara,
E o tempo e a distância fizeram-na compreender
Que, por equívoco, deixara escapar
O amor mais profundo que encontraria,

Pois era uma conjunção de almas conexas,
Que só precisavam de um ligeiro empurrão...
Horas mais tarde, em sua cama,
Ainda nus e abraçados,
Depois de muitos beijos e gemidos,
Gritos, revelações e êxtases,
Confessamos um ao outro segredos
Que guardamos por tempo demais,
Mas nunca é tarde
Para se descobrir o amor,
Ainda mais quando ele está por aqui,
Bem ao nosso alcance,
A poucos centímetros de distância,
Bastando um mísero toque das mãos
Ou uma troca de interrogativos olhares
Que revelem existirem sentimentos
Nos quais não se ousara acreditar...

Vídeo relacionado: Joe Giltrap - How wonderful you are
https://www.youtube.com/watch?v=Rz8MolzAsx4

<u>CONFISSÕES</u>

Nesse dia tão belo,
Corro os meus dedos
Sedentos
Por teu sexo
Encharcado
De desejo,
E então te revelo
Doces segredos
E pensamentos:
Enxergo em ti o meu reflexo,
Como eu, por ti enamorado,
E nos mares de teu olhar eu velejo...

Vídeo relacionado: **Eric Clapton - Wonderful tonight**
https://www.youtube.com/watch?v=LUsc6qUxmtg

<u>DESÍGNIO DO DESTINO</u>

Por algum desígnio do destino,
Nosso amor se acabou,
E desde que você partiu
Minha vida virou um desatino,
A solidão me abraçou
E minha alegria se esvaiu...

E nesses dias solitários
Que sucedem o Outono,
Meu mundo virou de cabeça para baixo,
Só sopram ventos contrários,
Da tristeza virei o dono,
Descendo ladeira abaixo...

Será que um dia você volta
E, quando ouvir o seu toque na campainha,
Amenizará esse cruel destempero
Que por aqui anda à solta,
E o toque de sua boca na minha
Acabará com esse meu desespero?

Vídeo relacionado: **Rebecca Ferguson - Where or when**
https://www.youtube.com/watch?v=8uDtMeArA90

<u>SEM NEXO</u>

Esse estranho amor que encolheu
É do tempo um sinistro reflexo
Pois a tristeza nos escolheu
Para nesta casa morar
Nessa solidão compartilhada sem nexo
Nesses antes amantes vorazes
E hoje apenas incapazes
De afastarmos essa tristeza do olhar

Vídeo relacionado: **Light Reflections - That love**
https://www.youtube.com/watch?v=Pw5tjQIfATY

<u>DESEDUCADA</u>

Essa inspiração que me habita
É meio bicho-do-mato,
Quase sempre invasiva,
Às vezes inconveniente,
E, nas horas mais impróprias,
Sem nem pedir licença,
Vai tomando conta de minha mente,
Empurrando meus pensamentos
Para algum lugar recôndito,
Onde devam ficar por alguns minutos,
E toma posse de meus dedos,
Que disparam a escrever versos,
Como se tivessem vida própria,
E, em apenas alguns minutos
(Como aconteceu com este poema),
Quando vê que sua ânsia foi satisfeita,
Finalmente larga-me em paz,
Até o próximo instante
Em que chega de novo sem avisar!

Vídeo relacionado: Paul McCartney - Golden slumbers
https://www.youtube.com/watch?v=PjKtfvKJSuk

DIRETO PARA O INFERNO

Políticos vão direto para o inferno,
Sem passarem por qualquer estação,
Condenados ao fogo eterno,
Onde seus múltiplos pecados pagarão.

Lá, de nada lhes adiantará
Terem amealhado tantos milhões,
Lá, sofrimento é tudo que há,
Para esses abomináveis vendilhões.

De nada lhes servirá tanta propina,
Que juntaram ao longo da existência,
Arderem para sempre é sua sina,
Do demônio, não obterão clemência.

E, enquanto pagam nas profundezas
Por todo o mal que aqui provocaram,
Suas almas à do inimigo estão presas,
Para expurgarem todo o mal que causaram.

Vídeo relacionado: **Geraldo Azevedo - Letras negras**
http://www.youtube.com/watch?v=0q6zrwY2zvA

<u>ET VOILÀ!</u>

Fiz um curso online
Com um mágico francês,
Para ver se aprendia
Como fazer a saudade sumir...
Mas não deu muito certo,
Pois, depois dessas tantas aulas,
Onde aprendi truques
E técnicas de prestidigitação,
Ao fim das quais dizia o bordão:
"Et voilà!",
Continuo sentindo falta dela,
E a única coisa que sumiu,
Além do dinheiro que gastei,
Foi a minha inspiração caudalosa,
Que, assim como ela,
Partiu e nunca voltou...

Vídeo relacionado: **Udo Jurgens - Walk away**
https://www.youtube.com/watch?v=kNz9IMTfMsM

A PERGUNTA EM TEU OLHAR

Nesse lindo mundo
Que habita
Bem lá no fundo
De seu infinito olhar,
Uma pergunta transita,
Docemente a me indagar
Se é mesmo amor
O que por você eu sinto,
Ou seriam sentimentos diversos
Desse amor avassalador!
Mas será que você pensa mesmo que minto
Com tanta paixão contida em meus versos?

Vídeo relacionado: **Stephen Schlaks - Questions and answers**
https://www.youtube.com/watch?v=DNzxwwdakEU

<u>QUASE CURADO</u>

Já estou quase curado
        (Mas tenho recaídas)
Daquele imenso desejo
        (Que me deixa alucinado)
De ver suas formas escondidas
        (Forço a vista, mas não vejo)
E vamos seguindo desse jeito
        (Eu, eternamente louco por você)
Sem jamais perder o respeito
        (Às vezes tento, mas você não vê)
Dia após dia, ano após ano
        (Maldito calendário, que não para)
Continuo a desejá-la desse jeito profano
        (Se eu lhe contasse como, você riria da minha
cara?)
Sempre nos encontrando, para no fim dar em nada
        (Chego em casa, e me encharco de gim)
E depois, fico acordado até de madrugada
        (Que dúvida cruel, será que você também gosta de
mim?)

Vídeo relacionado: **Spinners - I don't want to lose you**
https://www.youtube.com/watch?v=GDoTYZdr2NA

RESUMO

Essa tristeza que me invade
Provoca-me uma estranha sede
Que silenciosamente me agride,
E dentro de meu peito, explode,
Tornando minha Poesia tão rude.

Essa nostalgia voraz e incessante
Em cada noite costuma vir diferente,
Em versos tristes que me fazem de ouvinte,
Os olhos fixos ao longe no horizonte,
Ou fixando-os em qualquer transeunte.

Esses versos que ultimamente declamo
Falam sempre de um barco sem remo,
E da tristeza cada vez mais me aproximo,
Desesperado, como se estivesse preso num domo,
Da solidão virei amigo, eis de mim um triste resumo...

Vídeo relacionado: **Lovin' Spoonful - Lonely**
https://www.youtube.com/watch?v=C4mAqrXpH-4

<u>O OLHO QUE TUDO VÊ</u>

O olho que tudo vê
Acompanha-nos
De modo incessante
Por todos os lados
Descobrindo quem nele não crê
E apanha-nos
Em flagrante
Quando cometemos pecados
Intensos demais para esquecer
Ou sórdidos demais para perdoar
E torna-nos eternos culpados
Sem direito a qualquer redenção
Indignos do eterno perdão merecer
Mesmo se tentarmos as culpas expiar
Esperando sermos dignos do eterno perdão
Até de pecados que não podem ser perdoados

Vídeo relacionado: **Alan Parsons Project - Eye in the sky**
https://www.youtube.com/watch?v=-VVnoQkd8G0

<u>TUDO ERRADO</u>

Entre nós
Deu tudo errado,
O amor partiu
Sem avisar,
O tempo calou nossa voz
A paixão ficou no passado,
A cumplicidade sumiu,
Assim como o fogo no olhar.
E afinal chegamos
A esse impasse,
Do qual
Não há saída,
Não mais nos amamos,
E a desilusão em sua face
É o derradeiro sinal,
Tudo o que nos resta é a despedida...

Vídeo relacionado: **Edu Lobo - Pra dizer adeus**
https://www.youtube.com/watch?v=jHTAHkEj34U

<u>APOTEOSE DE BEIJOS</u>

Não escapei
Dessa apoteose de beijos
Indecentes, maravilhosos,
Que você me ofertou,
Faceira, irresistível,
E agora, já nem sei,
Numa noite de vinhos e queijos,
Entre outros beijos fogosos,
Você me aprisionou,
E eu, que parecia insensível,
De repente desmoronei,
E caí em seus braços,
Sem querer deles sair,
À mercê de suas vontades
E desejos carnais,
E simplesmente amei
Cada um de seus abraços,
O seu jeito meigo de sorrir,
Pois somos idênticas metades,
Que se completam, nesses jogos sensuais...

Vídeo relacionado: **Stevie Wonder - All in love is fair**
https://www.youtube.com/watch?v=gI9IbXlN-_I

<u>VIDRAÇAS</u>

Estou cheio de estilhaços
Das vidraças do mundo,
Que se quebraram e me atingiram
Bem no coitado do coração,
Um de meus músculos lassos,
Em sono profundo,
Que apenas dormiram,
E nunca mais despertarão...

Vídeo relacionado: **Maria Creuza - Insensatez**
<u>https://www.youtube.com/watch?v=CTXb8DOyv2s</u>

VENTO BAGUNCEIRO

O que faço com esse vento,
Cada vez mais bagunceiro,
Que ultimamente se diverte
Em espalhar por toda parte
Cada pedaço de mim?

Vídeo relacionado: **The Rokes - The wind will carry them by**
https://www.youtube.com/watch?v=_Py8pypREYE

<u>ATÉ A MEDULA</u>

Sua lembrança até hoje me abala,
Nunca houve despedida como aquela,
Gravada eternamente em minha pupila,
Numa saudade sem fim, que extrapola,
Incrustada até a medula...

E, por mais que eu faça,
Falta-me ainda essa última peça,
Num buraco de precisão suíça,
E teu rosto de meus sonhos se apossa,
Jamais te esquecerei, nem que a vaca tussa...

Tuas lembranças jamais me deixaram,
Meus olhos nunca mais te esqueceram,
Tantos sonhos que tinha apenas se destruíram,
Sempre a recordar os tempos que se foram,
Tentando fechar feridas que nunca se nunca...

Vídeo relacionado: **Raspberries - Don't want to say goodbye**
https://www.youtube.com/watch?v=VUsTLo_pA6s

<u>SÓ NA PROMESSA</u>

Numa das primeiras vezes
Em que te amei,
Fizemos dezenas de juras,
De nos amarmos todos os meses,
Como tantas vezes sonhei,
Depois daquelas noites de loucuras.

Mas nosso amor se perdeu,
Aquele imenso desejo acabou,
E na verdade,
Ao tempo ele se rendeu,
Nosso castelo de cartas desabou,
E tudo que restou foi essa saudade...

Vídeo relacionado: **Secret Garden - The promise**
<u>https://www.youtube.com/watch?v=sqxbZq7d86Q</u>

<u>VIVER, AMAR E SONHAR</u>

Nesse mundo perfeito,
Que Deus nos deu de presente,
Maravilhas estão espalhadas
Por todos os lados,
E de todas as cores:
O azul dos oceanos,
O verde das florestas,
O branco da neve e das geleiras,
O vermelho do fogo,
O amarelo dos ipês
O cor-de-rosa das paineiras,
E o brilho de teu olhar,
Que contém todas as cores do arco-íris,
E que me ensinou ternamente
A viver, amar e sonhar…

Vídeo relacionado: Michael Bublé - What a wonderful world
https://www.youtube.com/watch?v=EiqTUFK9mR4

<u>VENDEDORES DE ILUSÕES</u>

Poetas são vendedores de ilusões,
Contando sonhos que não tiveram,
Entregando antigas paixões
Das quais detalhes nunca souberam,
Pois não se lembram de detalhes precisos,
E em seus sonhos hospedam
Memórias de amores indecisos,
Ou que amigos lhes segredam,
E contam como se fossem suas,
Ou ocorridas em vidas pregressas,
Ou então em perdidas luas,
Que abandonaram às pressas,
E que orbitam planetas distantes,
Em sinistros universos paralelos,
Tão estranhos como os seus habitantes,
Com corpos vermelhos e olhos amarelos...

Vídeo relacionado: Andrew Belle - In my veins
http://www.youtube.com/watch?v=q0KZuZF01FA

DRAGA

No caderno de minha vida,
Tantas folhas já se apagaram,
Que não passam agora de borrões,
A draga do tempo escondeu
Muitas passagens,
Minha memória ficou diluída,
Mal me lembro das paixões
Que se acabaram,
De cada amigo que morreu,
Companheiros de tantas viagens
E cúmplices de minhas ilusões…
De antigas namoradas,
Mal me lembro do nome completo,
E seus rostos também são difusos,
Como se as conhecesse em vidas passadas,
De memórias borradas fiquei repleto,
Dentro de meus neurônios confusos...

Vídeo relacionado: **Patricia Kaas - Autumn leaves**
https://www.youtube.com/watch?v=W_qzUxpRKbs

AMIGA PERFEITA

Tenho uma amiga perfeita,
Que é também minha confidente,
À qual revelo delicadas histórias,
E ela também me revela algumas das suas,
Segredando em meus ouvidos,
Para que ninguém mais as ouça,
E conversamos até altas horas,
Ou então ela me acorda no meio da noite,
Para contar-me casos que lhe ocorreram,
E que o mundo precisa também conhecer,
E por isto, ela me confessa
Alguns detalhes sórdidos ou mórbidos
Sobre amantes que se separaram,
Por causa de brigas ou de traição,
Ou me conta memórias de um passado distante,
Ou que acabaram de acontecer,
E assim, atravessamos as horas em devaneios,
Eternos amigos, eu e a Poesia...

Vídeo relacionado: **Geraldo Azevedo - Você se lembra?**
<u>https://www.youtube.com/watch?v=apIPvf_d5IM</u>

__ÂMAGO__

Depois daquele beijo doce e prolongado,
Que ganhei de você, no qual vislumbrei
O seu âmago, cheio de um amor delicado,
Tudo o que agora eu sei
É que nada será como antes,
Pois enxerguei o que não via,
Em seus olhos cheios de Poesia,
Como não se vê por aí,
Nem mesmo entre amantes,
Em suas noites delirantes.
Mas agora, e daí?
É o que você me pergunta,
Enquanto meus lábios besunta
Com a seiva de sua boca macia,
Olhos nos olhos, mãos nas mãos,
Mas Deus fez-me ver o que eu mais queria,
Nesse beijo revelador em meus lábios pagãos...

Vídeo relacionado: **Elgar - Something inside**
https://www.youtube.com/watch?v=kgB6pIUTEhs

<u>ALHEIA</u>

Gosto de você,
Mais do que eu queria,
E estou à sua mercê,
Mais do que deveria,
Pois você me ignora,
Nem olha em minha direção,
Nunca viu meu olhar que implora
Por um mínimo de atenção...

E os dias passam, silentes,
Sem que nada mude,
E seus olhares ausentes,
São a forma mais rude
De me dizer que não se importa,
Tanto faz se eu desaparecer,
Para você, sou apenas uma alma morta,
Que pereceu, mesmo antes de nascer...

Vídeo relacionado: **Perry Blake - If you don't want me**
https://www.youtube.com/watch?v=byhco0aasms

<u>CONVITES</u>

Tudo aquilo que eu queria
Era apenas ser feliz,
Mas essa tal felicidade
De mim apenas se escondia,

Na verdade só recebia
O que simplesmente não quis
Pelo menos, não de verdade,
Como uns olhares famintos

A meus olhos endereçados,
Ou então convites expressos
Em doces palavras e abraços,

Aguçando-me os instintos,
Mas terminando em insucessos
Ou em retumbantes fracassos...

Vídeo relacionado: Joe Giltrap - How wonderful you are
https://www.youtube.com/watch?v=Rz8MolzAsx4

<u>CARNE FRACA</u>

Minha carne é fraca,
E a ti submissa,
E quando à tua se atraca,
Esquecemos o que aprendemos na missa!

E, em nossas transas ousadas,
Fazemos a cama tremer,
Em posições arriscadas,
Que te fazem gemer!

Tu não te comportas,
Comigo viras uma devassa,
Liberando todas as portas,
E às vezes, até algemas e mordaça!

E, ao final de uma noite perfeita,
Quando intimamente ligado a ti me percebo,
Tu me olhas, feliz e satisfeita,
E, antes de adormeceres, um último beijo recebo...

Vídeo relacionado: **Carpenters - Close to you**
https://www.youtube.com/watch?v=tT86AoSGEL8

VIVER É COMPLICADO

Viver é complicado,
Um verdadeiro quebra-cabeça,
Quando menos se espera,
Começa a dar tudo errado,
Por isto, não se esqueça
De curtir a primavera,
Agradecer a Deus pelas alegrias,
Curta sempre um abraço fraterno,
Pois para isto qualquer hora é uma boa hora,
Louve as graças que receber todos os dias,
Antes que chegue em sua vida o inverno,
Que pode nunca mais ir embora...

Vídeo relacionado: **Georgia - House of the rising sun**
https://www.youtube.com/watch?v=Ymf_Yw9_Tyo

CURSO

Um dia, eu me seduzi
Pela ilusão,
E deixei-me cair
Em seus braços,
Mas o fim dessa história
Já era bem conhecido,
E não haveriam finais felizes...
Durou poucos meses,
E depois a vida
Seguiu o seu curso natural,
Nossos caminhos separados,
Como estava previsto
Na bola de cristal
De qualquer cartomante...
Nunca mais nos vimos,
Até uma noite,
Numa festa qualquer,
E, quando a vi,
Você já estava bem alegre,
Cheia de vinho e sorrisos,

E me abraçou,

E, sem que eu esperasse,

Deu-me um beijo imensurável,

Daqueles que fazem o mundo

Parar de girar por instantes,

Trazendo de volta ardores extintos,

Reacesos por aquele beijo memorável...

Depois de nossas bocas descolarem-se,

Afastamo-nos um pouco,

Olhamo-nos, olhos nos olhos,

Mãos nas mãos,

O fogo a pulsar em nossas faces,

E você me pediu perdão pelo beijo,

Mas fora mais forte do que você,

Talvez pelo excesso de álcool

(Ou de solidão),

E, em vez de perdoá-la,

Eu a beijei de novo,

Fagulhas a pulsarem em nossos corpos,

A chama extinta do desejo

Voltando a pulsar, inebriante...

Puxei-a pela mão,

Através do estacionamento,
E, até chegarmos em meu carro,
Novos beijos e amassos aconteceram,
Entramos no carro e nossas mãos se rebelaram,
Trocando carícias íntimas e vorazes,
Depois de tanto tempo reprimidas...
Quando chegamos ao meu apartamento,
Nossas roupas jogaram-se ao chão,
Como por mágica
(Mesmo porque já estavam meio abertas),
Carreguei-a nos braços até a cama,
E mergulhei em seu poço de prazeres,
Explorando-a de todas as formas,
Arrancando gemidos e gritos,
E, pelo resto da noite,
Seguimos nessa batalha sem vencidos,
Ambos vencedores
Numa guerra sem fim
De antigos amantes abraçando de volta
Uma (quase) extinta paixão,
Até que o raiar do dia nos surpreendeu,
Ainda abraçados, num pequeno intervalo

Entre aquelas fogosas explosões de prazer...
Então, você me olhou e perguntou:
"E agora, o que faremos?",
E eu respondi, sincero,
Que não sabia, mas sugeria
Que deixássemos rolar
Aquela paixão redescoberta,
Que talvez agora não tivesse
Prazo para acabar outra vez...

Vídeo relacionado: **3-11 Porter - Surround me with your love**
https://www.youtube.com/watch?v=wCw7XEUEpUM

<u>MAGNÉTICA</u>

Um dia, você me fez sentir especial,
Sob o domínio desse olhar encantador,
E desse sorriso magnético,
Que subjuga meus olhos a seus dentes,
E pensei ter visto uma chama
A arder, pulsante, entre nós,
Que viveria por anos a fio,
A juntar nossos corpos e vidas...
Mas, até hoje, não sei o porquê,
Nossas vidas separaram-se,
Cada um para um lado,
Em cidades e mundos diferentes,
Pois você foi morar longe de mim,
E nunca mais nos encontramos!
Vida que segue,
Quase me esqueci de você,
Mas, de repente, alguém chama meu nome,
Num shopping lotado,
Que eu raramente frequentava,
E, quando me viro, surpreso,

Vejo você bem à minha frente,
Com aqueles mesmos olhar e sorriso,
Que me capturaram em sua teia,
Muitos anos atrás...
E aquela chama em seu olhar permanece,
Sugando minha vontade,
À mercê dos desígnios do destino,
E, quando dou por mim,
Você está em meus braços,
Não sei se fui eu ou você
Quem tomou a iniciativa,
Provavelmente foi simultâneo,
E um longo abraço apertado
Sela os nossos destinos...
Afasto-me um pouco de você,
Ainda com meus braços a cingi-la,
E murmuro que deve ser um sonho,
Do qual a qualquer instante despertarei,
Mas você responde que não estou dormindo,
Que aquele *frisson* é real,
E desta vez não vai sumir de novo,
Nunca mais outra vez,

Pergunta se estou sozinho,
E quando confirmo,
Aquele sorriso extraordinário
Aumenta ainda mais o seu fascínio,
E de repente, você me beija,
Num momento que lembrarei para sempre,
Pois marca o instante
Em que o Amor juntou nossas vidas
Para todo o sempre e além...

Vídeo relacionado: **Cloves – Don't forget about me**
https://www.youtube.com/watch?v=lVJfbcU5_2U

<u>CARENTES DE AMOR</u>

Um dia, você me pediu ajuda,
Porque estava difícil carregar sua cruz,
E hoje sou eu quem lhe pede socorro,
Pois a luz do mundo de mim se escondeu...
O que foi que nos aconteceu
Por que a alegria subitamente foi embora?
Por que o que houve entre nós morreu,
E de repente viramos estranhos,
Que só nos vemos quando a solidão nos sufoca?
Olho para a sua tristeza sem fim,
Enquanto você olha para a minha,
Será que existe alguma fórmula
Inventada por algum cientista caótico
Que consiga ressuscitar o amor?

Vídeo relacionado: **John Denver - The game is over**
https://www.youtube.com/watch?v=mLfaTuRB1_U

<u>FALSAS DESPEDIDAS</u>

Quase todas as vezes
Em que nos amamos,
E isto acontece todos os meses,
Depois que de amor nos embriagamos,
Ao nos despedirmos,
Você jura que é a última vez,
Pois já chega de nos iludirmos,
E diz que é hora da sensatez
Tomar o lugar da ilusão...
Eu olho bem para você,
E concordo, sem discussão,
E de novo eu lhe pergunto por que,
Mas você apenas desconversa,
E não dá nenhuma resposta sensata,
E sempre vem com a mesma conversa,
De que nossa paixão é apenas abstrata,
Fruto de uma atração sem juízo,
Que ainda irá nos machucar,
E pergunta-me por que ainda fico indeciso
Se sabemos que não podemos nos amar...

E assim passam os dias, sem nós dois,
E cada noite minha é uma noite insone,
Mas, algumas semanas depois,
Ao entardecer, toca o telefone,
E eu sei que é você, de novo arrependida,
Dizendo que está morrendo de saudade,
E jura que sou o amor de sua vida,
Mesmo que eu sinta que não é verdade...
E outra vez, acontecem essas torturas,
Depois de algumas horas que valem uma vida,
Repletas de vinho, beijos e juras,
Até um dia acontecer a verdadeira despedida!

Vídeo relacionado: **Natalie Cole - Inseparable**
https://www.youtube.com/watch?v=rhMxnFCF29M

<u>UM PEDAÇO DE NADA</u>

Eu era apenas um pedaço de nada,
Quando te conheci,
Então, minha solidão foi transformada
Em um mundo cheio de ilusão,
Que nem mesmo sei se mereci,
Num turbilhão de amor e compreensão...

E de repente, eu já não era só,
Nós dois juntos formamos um todo,
Minha tristeza subitamente virou pó,
Em vez da tristeza, fui morar com a alegria,
Nunca mais chafurdei no lodo,
Você chegou, e despertou-me a Poesia...

E agora, minha antiga tristeza
Foi trocada por uma profusão de sorrisos,
Fui salvo da feiúra da tristeza por tua beleza,
Nunca mais fui refém da escuridão,
O Sol brilha em teus dentes precisos,
E o amor extravasa em teu olhar de paixão...

Vídeo relacionado: **Gary Barlow - Forever love**
https://www.youtube.com/watch?v=L1_R7xFJhc0

NUM CARROSSEL

O tempo às vezes é cruel,
Como vive cantando esse pobre menestrel,
A narrar o triste destino que tivemos,
Nessas estradas sem fim que percorremos,
Sem rumo, ao sabor das correntes,
E dessas lembranças recorrentes:
Antes, amantes extraordinários,
Hoje, girando em sentidos contrários
Num cruel e veloz carrossel,
E, por um estranho desígnio do céu,
Para sempre apaixonados
E eternamente separados...

Vídeo relacionado: **Phil Trainer - Carousel**
https://www.youtube.com/watch?v=akz8rY6dTE4

<u>POR DEBAIXO DA MESA</u>

Essas tuas coxas grossas,
Que safadamente me roças
Por debaixo da mesa,
Tripudiando de minha incerteza,
Provocam-me arrepios,
E, ao olhar os teus olhos bravios,
Onde bailam indecifráveis emoções,
Aproximam-se nossos corações,
Por causa desses sentimentos intermitentes,
Que entre nós dois circulam,
Ao sabor das estações e correntes,
E, ao decifrar o que teus olhos formulam,
Num convite voraz e irrecusável,
Minha mão aventura-se por tuas pernas,
À mercê de um desejo incontrolável,
E essa mão que com teu olhar governas,
Aproxima-se da fonte de teu prazer,
E quase te engasgas com um gole de vinho,
Quando acaricio tua área de lazer,
Naquela mesa de festa, em meio ao burburinho

Das outras pessoas presentes,
Todas falando alto, já um tanto alcoolizadas,
E que nem notam nossos desejos prementes,
Nossas mãos, uma pela outra enfeitiçadas,
E a minha, atrevida, não se cansa,
Mas, quase no clímax, suspirando a afastas,
E, como desculpa, me puxas para a pista de dança,
Mas, logo, para o estacionamento me arrastas,
E, dentro do carro, o desejo até então reprimido,
Que teu vulcão encharcado não disfarça,
Libera nossos corpos e nossa libido,
Na noite imensa, que se tornou nossa comparsa,
Enquanto a festa lá dentro rolava,
Um no outro nos eternizamos, naqueles instantes,
Enquanto eu, sem freios, te penetrava,
Nossos corpos vorazes, ofegantes,
A nos devorarmos mutuamente,
Mesmo naquele espaço apertado,
No início daquela paixão efervescente,
Eterna, onde vale tudo em nome do pecado...

Vídeo relacionado: **Santa Esmeralda - You're my everything**
https://www.youtube.com/watch?v=FK-suPEBsLo

<u>INTUIÇÃO</u>

Foi minha intuição
Que me levou a você,
Mesmo sabendo
Que não deveria,
Mas, mesmo assim,
Sei lá por que,
Resolvi arriscar,
E foi a melhor decisão
Que em minha vida tomei,
Porque você me salvou
De infinitas maneiras,
Pois, nesse mundo absurdo,
Não sei o que seria de mim,
Se eu não tivesse você,
Para me puxar cada vez que eu caía,
Rumo ao abismo sem fim,
Onde meus demônios me chamavam,
Estendendo sutis armadilhas,
Oferecendo incríveis recompensas

Em troca de minha alma,
Guardada pelo anjo que me cuida,
Cujo nome é o seu...

Vídeo relacionado: **Julian - Angel**
https://www.youtube.com/watch?v=HNAaAICOlCk

<u>TRECHO</u>

Você é apenas um trecho
De um poema que escrevi
Há algum tempo atrás,
Que podia ser uma história sem fim,
Mas em meus escritos nem gravei,
Então, jamais escrevi o desfecho,
E depois nunca mais te revi,
Assim, foi somente algo fugaz,
Que aos poucos virou um sonho ruim,
E num canto de mim arquivei...

Vídeo relacionado: **Ronnie Milsap - In no time at all**
https://www.youtube.com/watch?v=xRZjqIW9xfo

ATÉ O CÓRTEX

Parto
Rumo ao espaço vazio
Fugindo do que me prendeu
Num infinito vórtex
Aqui nesse triste quarto
De um mundo sombrio
Que me corrompeu
Até o córtex

Vídeo relacionado: **Marília Medalha - Se o amor pudesse**
https://www.youtube.com/watch?v=JJyNir8qk6s

UM BOLERO AO LUAR

Enquanto dançamos um bolero ao luar,
Lindas notas preenchendo-nos os ouvidos,
Eu sussurro, para só teu ouvido escutar,
Que estar contigo reverbera em meus sentidos...

Nessa noite linda, quando nos conhecemos,
Numa festa onde ainda se tocam boleros,
Percebo que para esse momento vivemos,
E te conto esses pressentimentos sinceros...

Faltam poucas horas para acabar a festa,
Mas, depois disto, podemos seguir dançando,
Se quiseres, vamos continuar a seresta,

Até o dia raiar, mas que importa até quando,
Antes desta noite, a vida era indigesta,
Mas enquanto viver, seguirás me encantando...

Vídeo relacionado: **Danilo Caymmi - Verso de bolero**
https://www.youtube.com/watch?v=OBF4Q5napD8

APENAS UM JOGO

Para você, nosso amor foi apenas um jogo,
Que no final eu perdi, e você saiu ilesa,
Também, quem me mandou brincar com fogo?
Fiquei um pouco chamuscado, cortejando a tristeza,
Mas tudo bem, faz parte do aprendizado,
Antes tarde do que nunca, para terminar romances sem
futuro,
Fiquei apenas por algum tempo machucado,
Mas, a cada dia mais, eu me curo,
E ao final dessa história imprecisa,
Adquiri mais alguns conhecimentos que não tinha,
A dor, o próprio tempo sempre ameniza,
E a tristeza, a cada momento definha,
E algum dia, sei que ainda vou rir dessa história,
Como se fosse unicamente algum sonho mau,
E em algum momento, você sumirá de minha memória,
Não mais do que um conto no qual coloquei um ponto
final...

Vídeo relacionado: **John Denver - The game is over**
<u>https://www.youtube.com/watch?v=mLfaTuRB1_U</u>

__THE WAYS OF MEMORY__

Memory ways are tortuous:
You remember everything you wanted to forget,
And forget all you wanted to remember!
And on these winding paths,
In the nights of the soul, the blanket is lost,
Nothing more to warm you up,
And you resurrect just that love
That you wanted to bury!
And on these lost paths
Between the recesses of the mind,
Memories long forgotten are recovered,
And you forget others from the recent past!
And so, let's go on,
Between loves found and others lost,
You don't even remember the most beautiful love of all,
That lies in limbo, along with so many lost ones...

Vídeo relacionado: **Whitney Houston - Greatest love of all**
https://www.youtube.com/watch?v=OVfEmTQMmnou

ÍNDICE

ÍNDICE ALFABÉTICO

ÍNDICE DE VÍDEOS

COMENTÁRIOS DE OUTROS ESCRITORES SOBRE POEMAS DESTE LIVRO:

Jorge Andrade: Espetacular.
Nadja Silva Sánchez: Excelente!
Inacia Maria: Excelente publicação!
Vanessa Lima: Fabuloso.
José M. Ferreira: Extraordinário e notável versejar.
(**"MEMÓRIAS DE NUNCA"**)

Nadja Silva Sánchez: Fascinante escrito! Aplaudindo de pé!!!
Inacia Maria: Excelente publicação!
(**"HISTÓRIAS DE NENHUM LUGAR"**)

Carlos Magno de Melo: Título interessante... "O poeta é um fingidor".
Marisa (a)Penas: Belíssimo soneto, Mestre!
Nardélio F. Luz: Pura perfeição esse soneto. Parabéns!
Nadja Silva Sánchez: Espetacular, divino!
Vanessa Lima: Fabuloso.
Inacia Maria: Excelente publicação.
(**"ESSE PONTO DE INTERROGAÇÃO"**)

Nadja Silva Sánchez: Uma publicação fabulosa! Aplaudindo de pé…
(**"QUASE NUDEZ"**)

Inacia Maria: Excelente partilha!
Nadja Silva Sánchez: Excelente publicação!!!
Vanessa Lima: Fabuloso.
José M. Ferreira: Extraordinário e notável desenrolar poético.
(**"EQUÍVOCO"**)

Nadja Silva Sánchez: Sensacional!
Jorge Andrade: Fantástico.
Vanessa Lima: Belíssimo.
Inacia Maria: Excelente!
(**"DRAGA"**)

Rosaly Lima Fleury: Divino versar! Quando o destino sentencia... O amor se faz profecia ...
Gilsa Dias: Um encanto de versos!!
Nadja Silva Sánchez: Magnífico!
Inacia Maria: Excelente publicação!
Vanessa Lima: Lindíssimo.
José M. Ferreira: Belíssimo...
Jorge Andrade: Espetacular.

("MAGNÉTICA")

Marisa (a)Penas: Um lindo soneto!
Nadja Silva Sánchez: Sensacional...
Inacia Maria: Maravilhosa partilha!
Vanessa Lima: Bela inspiração, excelente leitura, parabéns!
("UM BOLERO AO LUAR")

<u>SOBRE O AUTOR</u>

Engenheiro Eletricista pela Universidade de Brasília por formação, Analista de Sistemas por opção, poeta por destino, casado, 2 filhos e 1 neto, apreciador de boa música, cinema, literatura, HQs, seriados e amigos (não necessariamente nesta ordem).

Participante das antologias:

• **"Declame para Drummond 2012"** (2012), com o poema **"Máscaras"**;

• **Antologia 2015 – Literatura Goyaz"** (2015), com os poemas **"Os oceanos entre nós"** e **"Morpheus"**;

• **"Desafio"** (2016), com os poemas **"Finito","De solidão e de sonhos"** e **"Olhar"**;

• **"Dez Poetas e Eu Vol. 3"** (2016), com os poemas **"Átimo"**, **"Diário"**, **"Julgamento"**, **"Roleta russa"**, **"Buracos negros"**, **"Paronímia"**, **"As últimas gotas de orvalho"**, **"Repositório"**, **"Simplesmente você"** e **"Quando eu te conheci"**; e

• **"Raiz da Poesia"** (2017), com os poemas **"Os segredos que escondes no olhar"**, **"Borboleta"**, **"Autópsia"**, **"La nuit"**, **"O tio da suspeita"**, **"Aldebaran"** e **"Os sons do silêncio"**.

Links dos livros:

- Clube de Autores:

- Amazon:

Homenageado com uma seção na página do **Templo Cultural Delfos**, relicário da Literatura, com 50 poemas.

MULTIMÍDIA:

•   Ao final de cada poema, há um código de barras apontando para um belo vídeo do Youtube. Basta abri-lo com um aplicativo de celular ou *tablet*, como o *QR Code Reader*. A *playlist* completa está no link abaixo.